AF496835

DEUX PASSIONS

COMÉDIE EN UN ACTE ET EN VERS

Par Madame Anaïs SÉGALAS

Représentée pour la première fois à Paris,
sur le Théâtre de la Galerie Vivienne,

LE 26 AVRIL 1892.

CHALONS-SUR-MARNE

MARTIN FRÈRES, IMPRIMEURS-ÉDITEURS, PLACE DE LA RÉPUBLIQUE.

1893.

DEUX PASSIONS

COMÉDIE EN UN ACTE ET EN VERS

Par Mme Anaïs SÉGALAS

PERSONNAGES.	ACTEURS.
Le général AUVRAY............	M. DUBOIS.
GABRIELLE, sa femme.........	Mme DURAND.
NÉRIS, agent de change.........	M. ROMARY.
BERTHE, sa femme............	Mlle RAGANI.
MARTIAL.....................	M. LOBERTY.
Fernand SAINT-LEGER.........	M. V. EMMANNUEL.
GASTON......................	M. MONROSE.

La scène se passe à Paris, chez le général.

Un salon. Porte au fond, portes latérales. — A la droite de l'acteur, la chambre de Gabrielle. Au fond, une étagère, chargée d'objets de fantaisie.

SCÈNE PREMIÈRE.

LE GÉNÉRAL, NÉRIS

Ils ont chacun une valise à la main, un domestique les suit.

NÉRIS

Comme un voyage est court, par ces chemins de fer !

LE GÉNÉRAL.

Ces chevaux de vapeur ont un galop d'enfer.

(Le domestique prend leurs valises, pose celle du général à droite et celle de Néris à gauche).

Nos femmes vont nous voir tous deux avec délices :
Deux Pénélopes vont retrouver deux Ulysses.
Vous partiez pour affaire, et moi, j'en fais l'aveu,
Pour me croire encor jeune et voyager un peu.

NÉRIS, *serrant la main du général.*

Je vais monter chez moi, voisin, pour voir ma femme.

LE DOMESTIQUE.

Madame de Néris est là, près de Madame.

LE GÉNÉRAL.

Ne les prévenez pas.

NÉRIS.

Bien.

LE GÉNÉRAL, *à Néris.*

Nous pourrons ainsi
Jouir de leur surprise. Attendons-les ici.

(*Le domestique sort*)

NÉRIS, *s'asseyant, ainsi que le général.*

Quitter pendant deux mois et sa femme, et sa Bourse,
C'est trop.

LE GÉNÉRAL, *souriant.*

La Bourse !

NÉRIS.

Eh mais ! de mon bien c'est la source.
Pour un agent de change elle a quelque douceur,
Et je sus m'enrichir avec sa folle humeur,
Qui monte et qui descend, à tous les vents livrée,
Comme le thermomètre et comme la marée.

SCÈNE II.

LE GÉNÉRAL, MARTIAL NÉRIS

LE GÉNÉRAL.

Qu'on est bien à Paris, chez soi.

MARTIAL *entrant.*

Mon général.

NÉRIS, *au général.*

Votre valet vous cherche.

Martial se retourne vers lui d'un air mécontent.

LE GÉNÉRAL.

Ah ! c'est toi, Martial.

MARTIAL, *à Néris.*

Vous avez dit valet ?

NÉRIS, *souriant.*

Ce terme vous offense ?

MARTIAL, *fièrement.*

Monsieur, je suis ici l'homme de confiance.
Mon général est fils d'un brave maréchal,
D'un vainqueur du vieux temps, et moi, d'un caporal.

Avec mon général, j'ai soumis l'Algérie,
Pour en faire une large annexe à la patrie.
Nous faisions nos débuts de gloire à Mazagran.
Alors mon général, plein de fougue et d'élan,
Et frais sous-lieutenant, dans sa fleur printanière,
Cultivait l'odalisque, et moi, la cantinière.
Nous chassions les Bédouins avec la même ardeur.
Et notre sang était de la même couleur.
Nous travaillions tous deux à la même épopée :
C'est la fraternité du sabre et de l'épée.

NÉRIS.

Le général vous traite ici comme un ancien.
Mais que faites-vous donc chez lui ?

MARTIAL, *avec une dignité comique.*

Je ne fais rien.

LE GÉNÉRAL, *à Martial, en se levant, ainsi qu'à Néris.*

Que veux-tu ? Parle.

MARTIAL.

Eh ! quoi, devant Monsieur ?

LE GÉNÉRAL.

Sans doute.
N'est-ce pas mon ami, mon compagnon de route ?

MARTIAL, *mystérieusement.*

Quand vous êtes parti, l'ordre du jour portait
Qu'il fallait avec art et finesse, en secret,
Suivre madame et voir si son esprit volage
Oubliait la vertu, mot d'ordre du ménage.

NÉRIS.

La suivre ?

LE GÉNÉRAL.

Je suis vieux, elle est jeune.

NÉRIS.

Etes-vous
Bartholo, Barbe-Bleue ?

LE GÉNÉRAL.

Oui, car je suis jaloux.

MARTIAL.

Or je la vis sortir souvent seule et coquette ;
Je la suivis de loin, prêt à battre en retraite.
Chaque jour, elle entrait dans la même maison.
Je dis : un ennemi tient ici garnison.
J'avisai la portière, un vrai type classique,
La Pipelet moderne et le Cerbère antique.
J'appris que votre femme allait chez un faquin.
Fernand Saint-Léger.

LE GÉNÉRAL.

Quoi, ma femme ?

MARTIAL. *continuant.*

Et ce pékin,

Dis-je, est-il marié ? — Lui ! répondit Cerbère.
Allons donc ! Il craindrait de déranger le maire.
C'est un jeune homme.

LE GÉNÉRAL, *furieux.*

Un jeune....

MARTIAL.

Oui, j'en fus interdit.

LE GÉNÉRAL.

Mille bombes ! Corbleu !

MARTIAL.

C'est là ce que j'ai dit.

(*Le général, dans sa fureur, prend une statuette sur
l'étagère et veut la jeter à terre*).

NÉRIS, *le retenant.*

Comment à ce Chinois votre fureur s'attache !
Ce n'est pas un rival que ce magot sans tache.

LE GÉNÉRAL.

Un mari respectable être ainsi supplanté !

NÉRIS.

Ah ! le plus respectable est le moins respecté.
(*Le général saisit une autre statuette pour la briser,
Néris le retient encore*).

NÉRIS.

Laissez cette danseuse, au pas vif et folâtre ;
Elle est de plume, soit, mais son buste est de plâtre.

LE GÉNÉRAL.

Ces femmes, il leur faut des blancs-becs, bien parés,
Astiqués, pommadés, serrés, frisés, cambrés.
Vrai Dieu ! Je n'ai pas, moi, ces manières coquettes ;
Je n'offre pas des fleurs, en contant des fleurettes.
Nous ne roucoulons pas, nous autres vieux guerriers.

MARTIAL.

Les aigles des combats ne sont pas des ramiers.

LE GÉNÉRAL.

C'est que je l'aimais tant, ma jeune et belle femme !
Son visage joyeux me rajeunissait l'âme.
Elle me trahit, moi ! vieux chasseur de Bédouin !
Parce que ma jeunesse et ma splendeur sont loin ;
Parce qu'un peu de neige à mes cheveux s'attache,
Et, sans toucher au cœur, me blanchit la moustache.
(*Il se promène avec agitation, pendant que Martial parle*).

MARTIAL.

Si jamais Casauba !...

NÉRIS.

Plaît-il !

MARTIAL.

C'est mon objet,
Votre soubrette Anna.

NÉRIS.

Pourquoi ce sobriquet ?

MARTIAL.

Dès que j'aime une femme, à tresse blonde ou noire,
Je donne à ma beauté le nom d'une victoire.
Une jeune Bédouine, au visage cuivré,
Me subjugua là-bas, et je la décorai
Du nom de Constantine. Une beauté plus fière
Lui succéda, ce fut la grande cantinière,
Une Hébé du bivouac, servant avec splendeur.
La poudre était le musc dont elle aimait l'odeur.
C'étaient des yeux ardents comme un feu de bataille,
C'était d'un grenadier le courage... et la taille,
Un pied large et solide, un cœur encor plus grand,
Et je la couronnai du nom de Mazagran.

LE GÉNÉRAL.

Oh ! je me vengerai !

NÉRIS, *tranquillement.*

Vous battre ?... erreur étrange !

LE GÉNÉRAL.

Je voudrais vous y voir.

NÉRIS.

Moi !... Ma femme est un ange.

MARTIAL.

Peut-être.

NÉRIS, *très vivement.*

Que dit-il ?

LE GÉNÉRAL.

Vivat ! c'est Othello !

MARTIAL.

Je dis que deux maris ont eu leur Waterloo.
Votre soubrette Anna, moniteur d'antichambre,
Inscrivant tout, depuis janvier jusqu'à décembre,
M'a dit... Quels yeux !... le feu que Satan leur donna
Eût réchauffé l'armée à la Bérésina.

NÉRIS, *avec anxiété.*

Achevez !...

MARTIAL.

Un jeune homme à la mise élégante,
Qui parle plus d'amour que du cours de la rente,
Dès qu'on vous vit partir, tomba du ciel chez vous,
Revint voir votre femme et lui fit les yeux doux.
On l'attend aujourd'hui, vers deux heures.

NÉRIS.

Le traître !

Et son nom ?

MARTIAL.

Je l'ignore.

NÉRIS.

Oh ! je veux le connaître !

MARTIAL.

C'est un blond, dit Anna, l'œil bleu, de jolis traits ;
Si son âme est souillée, il a des gants très frais,
L'habit pincé, fleuri d'œillet ou de pivoine,
Car l'habit fait l'amant, s'il ne fait pas le moine.

NÉRIS, *à lui-même.*

Oui, la femme est frivole et méprise, en effet,
Un cœur brûlant qui bat sous un habit mal fait.

MARTIAL.

Je vous redis ici le rapport de ma belle,
La camériste Anna, dont l'éclat me rappelle
Ma fière Mazagran.

LE GÉNÉRAL, *se retournant à ce mot.*

Mazagran !

MARTIAL.

Un cœur d'or :
Qui me fut enlevé par le tambour-major.
(*Il fait le salut militaire et sort par le fond*).

LE GÉNÉRAL.

On nous trahit tous deux !... O perdide !

NÉRIS.

O traîtresse !

LE GÉNÉRAL.

Où trouver maintenant Pénélope et Lucrèce ?

NÉRIS.

Voici nos femmes. chut !

SCÈNE III.

BERTHE, GABRIELLE, LE GÉNÉRAL, NÉRIS.

*(Les deux femmes entrent par la droite et sortent de la
chambre de Gabrielle).*

BERTHE *apercevant son mari, à part et avec
un certain effroi.*

Mon mari ! (*Elle passe près de Néris*).

GABRIELLE, *allant au général.*

Quel bonheur ! (1)

LE GÉNÉRAL, *à Gabriel, d'un ton contraint.*

Nous voulions vous surprendre.

NÉRIS *de même, à Berthe.*

Entendre un cri du cœur.

BERTHE, *à Néris.*

Quelle joie ! (*changeant de ton*) Et pourquoi revenez-vous
[si vite ?

NÉRIS.

Hein ?

GABRIELLE, *câlinant son mari.*

C'est vous, mon Hector !

LE GÉNÉRAL, *à part.*

Son Hector... hypocrite !

GABRIELLE.

Et que fait-on la-bas, au pays vert et frais,
Dans votre Normandie ?

LE GÉNÉRAL, *d'un ton maussade.*

On y fait des procès.
On y boit de bon cidre, on y trompe les hommes.
Et, comme au paradis, on y mange des pommes.

NÉRIS.

Je voudrais bien savoir si la rente a monté.

BERTHE.

Oh ! quel spéculateur incroyable, entêté !
La Bourse est ma rivale, une grande inconstante.
Votre cœur est rempli par des coupons de rente.

NÉRIS.

C'est que tout mon amour, tous mes soins assidus
Seraient des capitaux placés à fonds perdus.

LE GÉNÉRAL, *à Gabrielle.*

Vous rêvez... j'ai toujours eu grand peur des rêveuses.

(1) Le général, Gabrielle, Berthe, Néris.

(*Elle part d'un éclat de rire*).
Vous riez, jeune folle !... Oh ! je crains les rieuses.

GABRIELLE.

Et cependant je l'aime ainsi, ce tendre époux,
Car je lui rends justice : il est brutal, jaloux,
Il brise mes miroirs, dans sa fureur suprême,
Il est sombre, maussade et bourru... mais je l'aime.

LE GÉNÉRAL, *à part*.

Basilic !

GABRIELLE.

Quoi ?... plait-il ?... Oh ! ce nœud me déplait,
Ta cravate est mal mise.

BERTHE, *à Néris*.

Et ton habit mal fait.

NÉRIS, *à part*.

Ceux du charmeur ont donc une coupe parfaite ?
O femmes ! votre amour chez le tailleur s'achète.

LE GÉNÉRAL, *à part*.

Sa cravate a donc bien du genre, à son vainqueur :
Au nœud d'une cravate elle suspend son cœur.

NÉRIS, *à Berthe*.

As-tu quelque projet ? Veux-tu mon bras, mon ange ?
Je t'accompagnerai.

BERTHE.

Non, cela te dérange.

NÉRIS, *à part*.

Elle attend son don Juan.

BERTHE.

Ce soir, mon général,
J'enlève votre femme et je l'emmène au bal.

LE GÉNÉRAL.

Au bal !... C'est dans les bals que se perdent les âmes :
Les bals sont inventés par le diable et les femmes.
Là, quand on traine au whist un époux enrageant,
On fait valser sa femme et danser son argent.
Gabrielle, d'ailleurs, apprit fort peu la danse,
Et sortit du couvent dans la sainte ignorance
Des valses, des schotischs. Moi, je hais tous ces pas :
Ces rendez-vous sautants ne me conviennent pas.
Plus d'un pauvre mari verra fuir, je le gage,
Sur ton aile, ô polka ! la paix de son ménage,
Et la valse à deux temps, dans ses bonds palpitants,
Prend l'honneur des maris, pour le perdre en deux temps.

GABRIELLE.

Le bal est très moral. Vaut-il mieux qu'une femme,
Seule, en rêvant d'amour, lise un roman de flamme ?
Parlez-moi, de danser !... Mon ami, voyez-vous,
La folie est souvent la sagesse pour nous,
Et cet amour du bal, dont l'archet nous appelle,
Cette frivolité, souvent est comme une aile
Qui nous soutient en l'air, quand nous pourrions tomber.

BERTHE, *à Néris.*

Mais à quoi songez-vous ? Qui peut vous absorber ?
C'est l'heure de la Bourse et du cours authentique ;
Fuyez... comme un banquier qui part pour la Belgique.

NÉRIS, *à part.*

Elle m'éloigne.

GABRIELLE, *à part en regardant la pendule.*

Une heure.

NÉRIS, *à part.*

Il faut se taire encor.

LE GÉNÉRAL, *à part.*

Gabrielle du moins ne dit rien.

GABRIELLE.

Mon Hector,
Sortez-vous aujourd'hui ? La journée est propice
Pour votre rhumatisme on prescrit l'exercice.

LE GÉNÉRAL.

Mon rhumatisme !... (*Il passe à côté de Néris*).

GABRIELLE.

Eh mais, dans vos camps, fiers guerriers,
Le rhumatisme pousse à côté des lauriers.

LE GÉNÉRAL, *prenant Néris à part.*

La femme est un serpent.

NÉRIS, *de même.*

Une adroite vipère.

LE GÉNÉRAL.

C'est Belzébuth ?

NÉRIS.

Satan !

BERTHE.

Que dites-vous ?

NÉRIS.

Moi, chère,
Que je vais à la Bourse.

GABRIELLE.

Et vous, mon tendre Hector ?

LE GÉNÉRAL.

A la revue. (*à part*) Allons, contenons-nous encor.

NÉRIS, *à part, au général.*

Sur le cœur d'une femme il faut veiller sans cesse :
On le croit à la hausse, on le trouve à la baisse.
(*Fausse sortie. Rouvrant la porte*).

Je rentrerai fort tard.

LE GÉNÉRAL, *reparaissant aussi.*

Je reviendrai demain.

GABRIELLE, *riant.*

Vous retournez au Havre ?

LE GÉNÉRAL.

Eh non ?... à Saint-Germain.

GABRIELLE.

L'air vous fera du bien ; on aime à vivre au large.
Quand on a traversé l'Afrique au pas de charge.
Les braves comme vous, dans leurs jours de loisir,
Après les trains de gloire ont les trains de plaisir.

LE GÉNÉRAL, *à part.*

Perfide !

GABRIELLE.

Mon Hector, pourquoi cet air maussade ?

LE GÉNÉRAL, *très sombre.*

Je suis très gai.... très gai. (*à Néris*) Venez mon camarade.
(*Ils sortent par la gauche*).

SCÈNE IV.

BERTHE, GABRIELLE.

(*Berthe fait un mouvement pour sortir et pour prendre
congé de Gabrielle*).

GABRIELLE.

Vous remontez chez vous ?

BERTHE.

Je vous quitte, en effet.
J'attends un visiteur... ce jeune sous-préfet.

GABRIELLE.

Ah ! ce fonctionnaire élégant, svelte et mince.

BERTHE.

Il doit, sans plus tarder, rentrer dans sa province
Et vient prendre congé.

GABRIELLE, *lui prenant les mains et la regardant*
fixement

Pour emporter là-bas
Un peu d'amour, d'espoir... Vous l'aimez, n'est-ce pas ?

BERTHE, *se récriant.*

Comment ?

GABRIELLE.

Je vous ai vus tous les deux... Je suis femme.

BERTHE.

Ah ! vous avez des yeux qui vont bien loin dans l'âme !
Je devais l'épouser. J'avais seize ans fleuris,
Cette fraîche candeur qu'ont les jeunes esprits.
Je ne lisais jamais de romans, car ma mère
Les défendait ; pourtant, dès qu'il vint à me plaire,
L'amour, livre de feu, dont Dieu seul est l'auteur,
Se trouva tout à coup imprimé dans mon cœur.
On fit de doux projets pour notre mariage.

GABRIELLE.

Qui les rompit alors ?

BERTHE.

La question d'usage,
Qui veut qu'un père sage accueille avec transport,
Au lieu du plus grand cœur, le plus grand coffre-fort,
Et qu'un solide immeuble, à barbe blonde ou rousse,
Epouse un autre immeuble, une union bien douce !
Deux bourses vont mêlant leurs amoureux tics tacs,
Et la lune de miel se lève sur deux sacs.
Je ne dis pas cela pour...

GABRIELLE.

Non.

BERTHE.

J'estime... j'aime
Mon mari.

GABRIELLE

Mais pour vous, l'autre a l'attrait suprême
Et le charme piquant des rêves interdits,
Car l'enfer défendu serait le paradis.

BERTHE.

Gaston quitta Paris. Pour panser sa blessure,
On lui donna pour baume une sous-préfecture,
Et jamais mon mari ne connut ce rival,
Ne sut s'il était beau, laid, vulgaire, idéal.
Mais quand nos deux époux se mirent en voyage,
Pour ne pas respirer toujours l'air du ménage,
Je vis surgir chez moi ce cher monsieur Gaston,
Juste quand mon mari s'en allait en wagon.

GABRIELLE.

Et ce wagon rapide, et cet amour tenace,
Devaient être tous deux de la première classe.

BERTHE.

Gaston revint souvent. Je vis avec bonheur
Et reçus poliment ce tendre visiteur :
Et nous causions de tout et de rien avec charmes :
Nous parlions politique avec les yeux en larmes.
Mais la dernière fois, tout à coup, sans détour,
D'un vote académique il arrive à l'amour.
Je me fâche... il me dit, d'une voix tendre et pure,
Qu'il va rentrer bientôt dans sa sous-préfecture,
Y vivre triste et seul, sans amour radieux,
Qu'il voudrait aujoud'hui me faire ses adieux.
J'y consens tout émue, il me bénit, il pleure.
Enfin que vous dirai-je ? il viendra dans une heure.

GABRIELLE.

Ah ! si vous m'en croyez.... (*Voyant entrer Martial*) Que
[nous veut Martial ?)

MARTIAL.

Excusez... Je cherchais... les gants du général.

BERTHE, *à part, à Gabrielle.*

Recevez avec moi ce visiteur terrible
Et charmant. Venez-vous ?

GABRIELLE.

Hélas ! c'est impossible :
J'attends quelqu'un chez moi.

Elle l'accompagne en causant. — Berthe sort par le fond.
Gabrielle rentre dans sa chambre et sort par la droite.

SCÈNE V.

MARTIAL, puis FERNAND.

MARTIAL, *regardant sortir les deux femmes.*

Quels pimpants affiquets !
Quand jadis Constantine, avec ses airs coquets,
Charmait le caporal, sa mise était conforme :
La perfide endossait son plus bel uniforme.

FERNAND, *entrant par le fond, sans voir Martial.*

Comment, pour m'annoncer ici, pas un valet !

MARTIAL, *à part.*

Quel est donc ce blanc-bec, serré, pincé, fluet ?

FERNAND, *l'apercevant.*

Madame Auvray m'attend, annoncez...

MARTIAL, *à part.*

Il m'agace.

FERNAND, *continuant.*

Monsieur Saint-Léger.

MARTIAL, *à part.*

Ciel !
(*Il s'approche de lui et le regarde sous le nez*).

FERNAND, *irrité.*

Eh bien !

MARTIAL.

Ma vue est basse.
(*Il tourne le dos à Fernand et dit à part*).
Saint-Léger... C'est bien là le nom de ce muguet
Que Madame allait voir si souvent, en secret.

FERNAND, *l'appelant.*

L'ami !

MARTIAL.

Je ne suis pas votre ami.

FERNAND.

Soit. Viens, drôle.

MARTIAL.

Hein ? je ne suis pas drôle.

FERNAND.

Il est fou, ma parole !
Annoncez-moi, Frontin.

MARTIAL.

Je ne suis pas laquais :
Je n'annonçai jamais dans vos salons coquets ;
Mais au camp, à travers la flamme et la fumée,
Fidèle serviteur de notre belle armée,
Aux Bédouins du désert, au dey comme au sultan,
A tous nos ennemis, Turc, Arabe ou Forban,
A grands coups de fusil, moi, j'annonçai la France !
Je la servis toujours avec obéissance.
J'ai marché, le front haut, sous le feu meurtrier,
Quand vous n'avez brûlé que vos pieds au foyer.
J'ai livré des combats, pour faire vos histoires.
Je suis un vieux soldat, retiré des victoires.
N'allez pas, beau monsieur, confondre, s'il vous plait,
Les chevrons du soldat, le galon du valet.

FERNAND.

Mon brave !

MARTIAL.

C'est bien dit, voilà mon nom... J'écoute.

FERNAND.

Madame Auvray m'attend et s'étonne sans doute :
Comme un simple Frontin, voulez-vous vous charger
Mon héros, d'annoncer...

MARTIAL.

Qui ?

FERNAND.

Fernand Saint-Léger.

MARTIAL.

Nous verrons.
(*Il remonte la scène, s'arrête au fond et dit à part.*)
Ah ! pékin, vous attendez la femme,
Vous aurez le mari. Quel est donc cet infâme ?
Un Bédouin déguisé. (*Il sort par la gauche*).

SCÈNE VI.

GABRIELLE, FERNAND.

*Gabrielle entre par la droite — Fernand la salue avec
affectation*

GABRIELLE, *saluant aussi.*

Salut, mon professeur,
Mon maître de schotisch.

FERNAND.

Pardon... moins de raideur
Dans votre révérence. Un salut plein de grâce
D'une danse artistique est l'habile préface.

GABRIELLE, *faisant une révérence.*

Salut donc, ô mon maître ! en l'art de voltiger ;
Dieu vous garde longtemps le pied vif et léger.

FERNAND.

C'est mieux. Sur les saluts, moi, je suis très sévère :
Je les étudiai dans chaque ministère.
Tous les gouvernements me comblent d'amateurs :
J'enseigne la courbette à leurs solliciteurs.

GABRIELLE.

Quel travail !... J'aime mieux la valse, le quadrille,
La mazurka.

FERNAND.

C'est là que votre grâce brille.

GABRIELLE.

Ai-je fait des progrès ? Voilà bien quinze jours
Que je vais constamment à votre joyeux cours.

FERNAND.

Votre maître est content. La schotisch vive et belle,
Quand vous la poursuivez, ne vous est plus rebelle ;
Votre pas glissé même a de la passion,
Et votre rédowa de l'inspiration.
Car la rédowa douce et sympathique aux âmes,
Doit être reine un jour, par la grâce des femmes,
Et quand elle s'élance, au son du violon,
Elle glisse en lézard et vole en papillon.
Mais essayons... Eh quoi, vous semblez inquiète ?

GABRIELLE, *à part*.

Si mon jaloux savait que j'apprends en cachette
Mazurka, rédowa !

FERNAND.

Mais j'ai d'autres leçons,
Le temps est précieux. Votre main... commençons.
(*Il lui prend la main, le général paraît au fond*).

GABRIELLE *l'apercevant et à part*.

Mon mari... sauvons-nous ! (*Elle s'enfuit dans sa chambre,
Fernand reste ébahi*).

SCÈNE VII.

FERNAND, LE GÉNÉRAL.

LE GÉNÉRAL, *s'arrêtant au fond*.

Plus de doute !... l'infâme !
Il me rendra raison et nous aurons du drame.
Interrogeons d'abord gravement, doucement.
(*Il s'avance vers Fernand*).
Monsieur... (*Fernand se retourne et salue*) Madame Auvray
[vient de fuir.

FERNAND.

Oui, vraiment.
Je ne la comprends pas, c'est d'un esprit fantasque.
Je vais la rattrapper en quatre pas de Basque.

LE GÉNÉRAL, *l'arrêtant*.

Vous vous nommer Fernand Saint-Léger, n'est-ce pas ?

FERNAND.

Oui, Monsieur, c'est mon nom. Mais pardon, car là-bas
Madame Auvray m'attend.

LE GÉNÉRAL, *à part*.

O fat ! ô lovelace !
Sachant tout mon malheur et toute leur audace.
(*Retenant encore Fernand*)
Madame Auvray, dit-on, parlez-moi sans détours.
Se rend chez vous depuis huit jours ?

FERNAND.

Non, quinze jours.
(*A part.*) Quinze cachets.

LE GÉNÉRAL. *à part.*

Comment c'est lui qui la diffame !
Pâture de gandin que l'honneur d'une femme !

FERNAND, *à part.*

C'est un parent, soyons flatteur (*haut*). Madame Auvray
C'est un trésor, Monsieur.

LE GÉNÉRAL.

Vous dites ?

FERNAND.

C'est très vrai.
Elle a des pas si vifs qu'ils suivraient la gazelle,
Danseraient sur des fleurs, à côté de Giselle.
Vous la verrez au bal, valsant d'un air vainqueur.
Partir comme une flèche, en visant droit au cœur.

LE GÉNÉRAL (*à part*).

Et moi, je resterais confident débonnaire
De son amour ! (*haut*) Monsieur...

FERNAND.

Quelle femme légère !

LE GÉNÉRAL.

Légère !... Vous parlez de sa légèreté !

FERNAND.

Certes !... J'en suis heureux et j'en ai profité.
Je veux m'en faire honneur.

LE GÉNÉRAL *à part.*

Lui !... Ma fureur s'allume !

FERNAND.

De mes ailes, c'est bien la plus brillante plume,
D'abord, moins dégagée, elle eut quelque embarras.
Car le plus difficile était le premier pas.

LE GÉNÉRAL.

Le premier pas !...

FERNAND.

Après, la marche est plus rapide,
Et j'apprivoise enfin la gazelle timide.
Aujourd'hui, voyez-vous, c'est une passion.

LE GÉNÉRAL, *le regardant en face.*

Je suis son mari.

FERNAND.

Vous ! (*Il le salue*).

LE GÉNÉRAL *indigné et à lui-même.*

Quelle position !

FERNAND, *regardant les pieds du général.*

La troisième, monsieur.

LE GÉNÉRAL, *sans l'écouter.*

Nous conviendrons ensemble
Du lieu, du jour.

FERNAND, *à part.*

Il veut des leçons, il me semble.

LE GÉNÉRAL.

Ma femme a disparu, je viens la remplacer.

FERNAND, *à part.*

Il s'y prend un peu tard pour apprendre à danser.

LE GÉNÉRAL.

Votre heure ?

FERNAND.

Celle-ci.

LE GÉNÉRAL.

Sans témoins ?

FERNAND.

Pourquoi faire ?

LE GÉNÉRAL.

Soit, nous aurons plus tôt terminé notre affaire.

FERNAND, *le regardant.*

Quel esprit en dehors et quels pieds en dedans.

LE GÉNÉRAL.

Vos armes ?

FERNAND, *à part.*

Il plaisante et rit à mes dépens.

(*haut*) Mes armes ?... Avec moi, j'ai mon arme fidèle
(*à part*) Qui fait sauter les pieds et jamais la cervelle.

(*Le général va au fond et prend ses pistolets dans sa
valise, qui est posée à droite, sur une chaise.*)

LE GÉNÉRAL, *à lui-même, en passant à droite.*

Prenons mes pistolets.

FERNAND, *de même, en prenant sa pochette, qu'il
retire de son étui et qu'il a posée à gauche, en entrant.*

Prenons mon violon.

(*Au général*).

Or nous allons, monsieur, commencer la leçon.

(Ils se regardent. Le général tient deux pistolets d'une main et les présente à Fernand, qui tient son violon. Ils sont stupéfaits. Fernand recule avec terreur).

LE GÉNÉRAL.

Voulez-vous me railler ?

FERNAND.

Suis-je votre victime ?
Venez-vous m'immoler ?

LE GÉNÉRAL.

Ne sais-tu pas ton crime ?
Oui, je viens te trouver pour un duel à mort.

FERNAND.

Quel mal ai-je donc fait ?

LE GÉNÉRAL.

Il n'a pas un remord !
Tu me rendras raison, séducteur de ma femme !

FERNAND, *stupéfait.*

Le jour n'est pas plus pur que le fond de mon âme !
Je suis son professeur de danse.

LE GÉNÉRAL.

Quoi ! vraiment ?

FERNAND.

Je viens pour lui montrer la rédowa.

LE GÉNÉRAL.

Comment ?
Se peut-il !

FERNAND, *continuant.*

La schotisch, morale et haletante,
Où l'on ne se dit pas un mot.

LE GÉNÉRAL.

Danse charmante !

FERNAND, *continuant.*

Et la polka-mazurke, aux pas glissés, fondus,
Et la valse à deux temps, où, les bras étendus,
Sans être cependant des aigles, je vous jure,
Nos valseurs ont parfois quatre pieds d'envergure.

LE GÉNÉRAL, *dans le ravissement.*

Vive la rédowa ! vive la mazurka !
O bonheur !... Je bénis ma femme et la polka.

SCÈNE VIII.

LE GÉNÉRAL, MARTIAL, FERNAND.

Martial a l'habit boutonné jusqu'au menton. Il tient deux épées et une boîte de pistolets.

MARTIAL.

Général, vous faut-il un temoin ?

LE GÉNÉRAL.

Quoi ! mon brave,

Tu venais...

MARTIAL.

Vous faut-il des armes ?

LE GÉNÉRAL.

Quel air grave !

Il a ses armes.

MARTIAL.

Soit.

LE GÉNÉRAL.

Malgré son air mielleux,

Il nous fera danser et sauter tous les deux.

MARTIAL.

Lui !... Ce blanc-bec ?

LE GÉNÉRAL, *à Fernand.*

Demain, j'achète à Gabrielle

Schotisch et rédowa, cachucha, tarentelle.

MARTIAL.

Mais vous n'allez donc pas vous battre, général ?

LE GÉNÉRAL, *transporté de joie.*

O la schotisch !... Il faut l'apprendre à Martial.
(*Il sort par la droite, en faisant un pas de danse*).

SCÈNE IX.

MARTIAL, FERNAND

FERNAND, *à part.*

C'est encore un élève. (*à Martial*) Ecoutez votre maître.

MARTIAL *à lui-même, en réfléchissant.*

La schotisch... C'est un nom de bataille, peut-être.

FERNAND, *allant à lui.*

Redressez-vous.

MARTIAL.

Plait-il ?

FERNAND.

Le corps droit et cambré.

MARTIAL.

Ce sera plutôt moi qui vous redresserai,
Mon beau petit monsieur !

FERNAND.

Voyons, soyez docile
Et partez du pied gauche.

MARTIAL.

Encore !

FERNAND.

Un maître habile,
Cellarius l'a dit.

MARTIAL.

Quel est ce nom romain ?
Celui d'un général sans doute.

FERNAND.

Votre main.

MARTIAL, à lui-même.

Si je la lui donnais, ce serait sur la joue.

FERNAND.

Les pieds plus en dehors.

MARTIAL, impatienté et passant à gauche.

Ah ! de moi l'on se joue.

FERNAND.

Moi, je suis votre dame, au teint rose, à l'œil bleu.
Passez le bras autour de ma taille.

MARTIAL.

Morbleu !

FERNAND.

Tendez-bien le jarret. La schotisch, si joyeuse.
A deux pas de polka, puis quatre de sauteuse.

MARTIAL.

Sautrich.

FERNAND.

Nous apprendrons après la strélitzka,
Sa sœur la mazeppa.

MARTIAL.

Comment ?

FERNAND.

La polotzka.

Mais apprenons d'abord la schotisch.

MARTIAL.

La godiche ?

Une danse ?

FERNAND.

Partez, léger comme la biche.

(*Il lui prend la main et veut se mettre en position*).

MARTIAL.

Laissez-moi donc, monsieur Zéphire !

FERNAND.

Enlevons-nous.

(*Il lui fait faire un tour de scottisch, Martial le fait tourner sur lui-même et le pousse vers la porte du fond*).

MARTIAL, *le poussant dehors.*

Enseignez la sottise à des fous comme vous.

SCÈNE X.

BERTHE, MARTIAL.

(*Berthe est entrée par le fond au moment où Fernand prenait la main de Martial*).

BERTHE, *à Martial*

Quoi ! vous le renvoyez !

MARTIAL.

Il voltigeait sans cesse,
Et me faisait sauter comme une forteresse.
Puis, à ma générale, il faisait les yeux doux ;
Je chasse l'ennemi.

BERTHE.

Comment y songez-vous ?

C'est son maître de danse.

MARTIAL.

Oh ! l'étrange méprise !
Martial, tu feras toujours quelque sottise !
J'ai dit au général, très prompt à s'effrayer,
Qu'un traître, un maraudeur, cosaque du foyer,
Était près de sa femme. Alors, sans plus attendre,
Le général voulut se battre, les surprendre.

BERTHE, *riant.*

Vraiment !

MARTIAL, *continuant.*

Lui demander et son heure et son jour,
Croyant qu'il arrivait sur l'aile de l'amour
Et non de la polka.
BERTHE *à part, en allant s'asseoir à droite.*

Bien des femmes, je pense,
Voudraient qu'on ne surprît que leur maître de danse.

MARTIAL, *au fond.*

Est-ce un danseur aussi, son jeune homme charmant ?
Oh ! que j'ai vu de cœurs changer de régiment !
L'amour de Mazagran passa, caprice indigne,
Du premier de dragons au troisième de ligne.
(*Il sort par le fond*).

SCÈNE XI.

BERTHE, *seule.*

Gaston ne peut tarder... J'évite le péril.
O mon cher visiteur ! vous fuir est incivil.
Quoi, ne plus le revoir !... mais j'ai peur de moi-même.
Je veux être fidèle à mon mari... je l'aime
Et je m'abrite ici, car l'hymen est sacré,
C'est un contrat d'amour, fait sur papier timbré.
Gaston viendra chez moi, mais courageuse et sage,
Pour le fuir, entre nous, j'aurai mis un étage.

SCÈNE XII.

BERTHE, GASTON.

GASTON, *entrant par le fond.*

Et quand vous auriez mis un abîme entre nous,
J'aurais su le franchir !

BERTHE, *se levant.*

Comment monsieur, c'est vous !
GASTON.

Lorsque j'allais chercher le bonheur au deuxième,
Il fuyait au premier. Je le trouve de même.
Je ne pars pas encor ; (*mouvement de Berthe*) j'aurai des
[jours dorés
Auprès de vous, et loin de mes administrés.
BERTHE.
Si mon mari venait !
GASTON.

Votre mari, madame,
Ne connaît pas mes traits, l'amour que j'ai dans l'âme,
Il ignore mon nom... On voit avec douleur
Un ange offert en prime à ce spéculateur.

BERTHE.

Taisez-vous ! n'allez pas, pour me rendre volage,
Mettre ainsi le marteau dans la paix du ménage.
Des démolitions que l'on fait dans Paris,
La plus commune encore est celle des maris.

GASTON.

Le vôtre, près de vous jamais ne se rencontre.
A l'heure de la Bourse il va réglant sa montre.
Moi, je ne parle pas de report, de déport ;
Car ce n'est pas cela que j'aime avec transport.

BERTHE.

Oh ! laissez-moi.

GASTON.

          Songez que l'on eut la pensée
De nous unir tous deux, ma belle fiancée.
Vous souvient-il qu'un jour nous marchions au jardin ;
Sous mon bras tout tremblant vous passiez votre main,
Comme cela. (*Il met la main de Berthe sous la sienne*)

BERTHE, *sans retirer sa main.*

    C'est vrai.

GASTON.

          Cette main fine et blanche
Pesait moins sous mon bras que l'oiseau sur la branche
Je la tenais captive, et puis je la pressais
Comme à présent.

BERTHE.

    C'est juste.

GASTON.

          Et puis je la baisais
Tenez, comme cela.

BERTHE.

    Qu'il a bonne mémoire !

GASTON.

Oh ! c'est tout un roman que cette douce histoire.
Nous ne nous parlions pas, excepté des regards :
Les yeux des amoureux sont toujours si bavards !
M'aimez-vous ? dis-je enfin. Vous restiez interdite.

BERTHE.

C'est vrai.

GASTON.

    Puis je vous vis prendre une marguerite,
L'effeuiller, en disant comme elle : « un peu »

BERTHE, *se souvenant toujours.*

          Beaucoup.

SCÈNE XIII.

BERTHE, GASTON, NÉRIS.

NÉRIS, *au fond, voyant Gaston tenir la main de Berthe.*
Que vois-je !... Observons-les... du calme et sachons tout.
(Berthe aperçoit son mari et quitte le bras de Gaston)

BERTHE, *à part.*
Mon mari !... que lui dire ? Il nous a vus !
(A Gaston qui veut parl er et n'a pas vu Néris)
Silence !
(Comme frappée d'une idée subite et à elle-même)
Dieu s'il pouvait passer pour mon maître de danse !
*(Elle remet sa main sous le bras de Gaston et lui
dit tout bas :*
Vite un pas de schotisch !

GASTON, *stupéfait.*
Hein ?

NÉRIS, *au fond.*
C'est là mon rival !
Oh! je me vengerai ! ce jour sera fatal.

BERTHE, *bas à Gaston.*
Dansez !

GASTON, *sans être entendu de Néris.*
Mais j'entends mal !

NÉRIS, *au fond.*
Que lui dit-il, l'infâme ?

BERTHE, *bas à Gaston.*
Dansez !

GASTON.
Mais nous parlions d'autre chose, madame.

BERTHE, *impatientée.*
Mais dansez donc !

NÉRIS, *s'avançant entre Berthe et Gaston.*
Monsieur !... *(Il reste stupéfait en voyant Gaston
faire un pas de danse).*
Comment le papillon
Bat des ailes... *(A Gaston qui s'arrête en l'apercevant)*
[Monsieur, pas de dérision.
Je suis le mari, moi ! Pourquoi ces pas de danse ?

GASTON.
Pourquoi ?

BERTHE.

C'est que...

NÉRIS, *à Gaston.*

Parlez !.

GASTON, *au comble de l'embarras.*

C'est la gaité, je pense.

NÉRIS.

La gaité...

GASTON, *sans se comprendre lui-même*

Qui parfois va de la tête au pied.
Puis j'ai l'humeur dansante... et je suis délié.
Pourquoi ne pas danser !... Mais dans Paris, tout danse :
On fait sauter la coupe avec la conscience,
On fait sauter la caisse, et les joyeux garçons,
Dans leurs petits soupers, font sauter les bouchons.

NÉRIS.

Vous vous moquez, monsieur !

BERTHE, *à Néris, en passant devant lui.*

Mais laissez-nous, de grâce !
(*A Gaston, en posant la main sur son épaule*).
Il faut donc m'appuyer sur vous, me mettre en place.
Prenez-moi donc la main.

NÉRIS.

Devant moi !

GASTON, *bas à Berthe.*

Devant lui !

NÉRIS.

Je m'oppose...

BERTHE.

Mon Dieu ! qu'avez-vous aujourd'hui ?
Vous me ferez manquer cette leçon de danse.

NÉRIS.

Que dit-elle ?

GASTON, *à part.*

J'y suis, je comprends, je m'élance.
(*Il s'élance avec Berthe.*)

NÉRIS.

Vous seriez...

GASTON, *continuant à danser.*

Oui, monsieur (*à Berthe*).

Nous partons comme un trait.

NÉRIS, *à Berthe.*

Mais dis-moi...

BERTHE.

Laissez-nous, je vais perdre un cachet.

NÉRIS, *la retenant encore*

Ainsi donc, ce monsieur...

BERTHE.

Je vous le recommande.
Ses pieds sont érudits et sa science est grande.
C'est un oiseau léger, que j'ai pris au filet.

GASTON, *s'inclinant.*

Et qui donne leçon à cinq francs le cachet.

NÉRIS, *enchanté.*

Cent francs, si vous voulez ! votre main, mon cher maître.
Mais quel est votre nom ? Nom célèbre peut-être.

GASTON, *embarrassé.*

Zéphire.

NÉRIS, *souriant.*

Un sobriquet aérien, badin.
Zéphire Jacquinet... Zéphire Bonardin ?

BERTHE, *vivement.*

Non.. Fernand Saint-Léger, maître de Gabrielle.

NÉRIS, *s'écriant.*

Comment ce Saint-Léger, qui troublait la cervelle
Du pauvre général...

BERTHE.

C'était lui.

NÉRIS.

C'était vous !

GASTON.

C'était moi.

NÉRIS, *riant aux éclats.*

Mais mon Dieu que les maris sont fous.

SCÈNE XIV.

LE GÉNÉRAL, GABRIELLE, BERTHE, GASTON, NÉRIS.

NÉRIS, *au général, qui entre avec Gabrielle,*
par la droite.

Venez donc, général !

BERTHE, *bas à Gaston.*

Le général !

GASTON, *de même.*

Que faire ?

NÉRIS, *au général.*

Croiriez-vous que Fernand...

LE GÉNÉRAL.

Est un danseur ?

GABRIELLE, *à Berthe.*

Ma chère,

Savez-vous la nouvelle, incroyable vraiment ?
Mon mari, mon jaloux, est un homme charmant.
Il adore les bals, ne veut pas que j'en manque.

NÉRIS, *au général.*

Oui, faites-la danser comme un billet de banque.
Et moi qui soupçonnais ce cher Fernand !

GABRIELLE, *étonnée.*

Comment ?

NÉRIS, *continuant.*

Tandis, qu'avec ma femme, il dansait chastement.

LE GÉNÉRAL, *surpris.*

Vous aussi, vous pensiez que Fernand... Sur mon âme,
C'est un homme moral.

*Néris regarde Gaston, comme pour lui dire de remercier.
— Gaston se croit obligé de saluer modestement le général,
qui le regarde avec surprise, lui rend son salut, puis se
retourne vers Néris.*

LE GÉNÉRAL, *continuant.*

S'il enlève une femme,
C'est dans une polka, car il suit délié
Le chemin du devoir, sur la pointe du pied.
(Gaston le salue : même jeu de scène que la première fois).

GABRIELLE, *à part, à Berthe, qui lui a parlé bas.*

Comment ! il doit passer pour Fernand ?

NÉRIS, *au général, en lui montrant Gaston*

Votre femme
Ira loin avec lui.

LE GÉNÉRAL, *étonné.*

Ma femme ?

NÉRIS, *allant serrer la main de Gaston.*

Je proclame
Que nul maître ne vaut ce cher monsieur Fernand.

LE GÉNÉRAL, *regardant Gaston.*

Lui !

GABRIELLE, *à part, au général.*

Chut !

LE GÉNÉRAL.

Je...

BERTHE.

Paix !

LE GÉNÉRAL.

Pourtant...

GABRIELLE.

Taisez-vous !

NÉRIS, *qui n'a pas vu ces signes.*

Maintenant

Ma femme est son élève.

LE GÉNÉRAL, *montrant Gaston.*

A lui !

BERTHE, *à part, avec anxiété.*

Va-t-il se taire ?

GABRIELLE, *prenant le général à part.*

De grâce ! n'ouvrez pas les yeux de Bélisaire !
Laissez-lui ce bandeau, qu'aux maris, chaque jour,
Monsieur le maire attache aussi bien que l'amour.

LE GÉNÉRAL, *après l'avoir écoutée avec stupéfaction.*

Je comprends !

BERTHE, *à part, au général.*

Par pitié !

LE GÉNÉRAL, *allant à Gaston.*

Professeur rare, unique,
Nos femmes vous devront leur art chorégraphique.
Donnez-lui des leçons, cher Fernand ! (*à part*) Pauvre époux !

BERTHE, *à part.*

Oh ! nous sommes sauvés !

GASTON, *de même.*

La victoire est à nous !

(*Dans sa joie, il fait un pas de danse*).

SCÈNE XV.

LE GÉNÉRAL, GABRIELLE, FERNAND, BERTHE, GASTON, NÉRIS.

FERNAND, *s'arrêtant au fond et regardant le pas
de Gaston*

Oh ! par Vestris, quel pas ! c'est sans moelleux, sans grâces.
Ce pas-là vient d'un pied qui n'a pas fait ses classes.

BERTHE, *bas à Gaston.*

C'est monsieur Fernand !

GASTON.

Ciel !

FERNAND, *à Gaston.*

Le bras plus effacé.

LE GÉNÉRAL, *à part, à Gabrielle.*

Si je lui faisais faire un chassé-déchassé ?

GASTON, *embarrassé, à Fernand.*

Mais Monsieur...

NÉRIS, *à Fernand.*

Je n'ai pas l'honneur de vous connaître,
Mais vous vous adressez au plus habile maître !

FERNAND, *regardant Gaston d'un air surpris*
et dédaigneux.

Lui ! (*à Gabrielle*) Je viens terminer notre leçon.

NÉRIS, *étonné.*

Comment ?

FERNAND.

Madame est mon élève.

NÉRIS.

A vous !

FERNAND.

Certainement.

BERTHE, *à part, à Gaston.*

Il nous perd !

GABRIELLE, *de même.*

Le bavard !

NÉRIS, *à Fernand, en lui montrant Gabrielle.*

Vous lui montrez la danse !

FERNAND.

Je m'en fais gloire.

NÉRIS, *à Gaston, d'un ton irrité.*

Alors me direz-vous ?...

GASTON, *qui semblait réfléchir pendant le dialogue,*
prenant Néris à part mystérieusement.

Silence !
Ce prétendu danseur n'est qu'un petit cousin,
Un amoureux qui valse et roucoule, un gandin
Qui lui fait répéter mes leçons, pour lui plaire ;
Mais ses pieds sont très lourds, si sa tête est légère.

NÉRIS.

C'est une croix de plus pour ce bon général.

LE GÉNÉRAL, *à part, à Gabrielle.*

Le financier finit par un krach conjugal.

Pendant ces deux apartés, Fernand s'est rapproché de Gaston, en le toisant — Gaston se redresse et se tient droit et cambré.

FERNAND, *à Gaston.*

Vous êtes professeur de danse ?

(*Gaston fait un signe affirmatif*).

NÉRIS.

Un maître illustre.

FERNAND, *à Gaston.*

J'ai comme vous, au bal, et sous le feu du lustre,
Dans la valse à deux temps, livré de grands combats.
Il faut nous mesurer : votre danse, vos pas ?
Voyez ceci (*il fait un pas de danse*).

BERTHE.

C'est lourd. (*Il se retourne indigné vers Gabrielle*).

GABRIELLE.

Raide. (*Il se retourne furieux vers Gaston*).

GASTON.

Cher camarade,
C'est sans grâce.

NÉRIS, *à Fernand.*

A la Bourse, on fait mieux la glissade.

LE GÉNÉRAL.

Jadis, aux ennemis, nous marchions sans glisser.

NÉRIS, *en montrant Gaston à Fernand.*

Et monsieur devrait bien vous apprendre à danser.

FERNAND, *au comble de la fureur.*

O grossière ignorance entre les plus grossières !
Et c'est ainsi qu'on juge au siècle des lumières !
Allez, soyez maudits ! que toujours le parquet
Soit rude sous vos pas, votre orchestre incomplet.
Et que votre danseuse embrouille la figure,
Et que votre valseuse aille à contre-mesure.
Oui, soyez tous perclus, goutteux, estropiés,
Et que le rhumatisme engourdisse vos pieds !

(*Il sort furieux*).

SCÈNE XVI et dernière.

LE GÉNÉRAL, GABRIELLE, BERTHE, GASTON, NÉRIS.

NÉRIS, *au général, au moment où Fernand sort.*

Oh ! laissez-le partir ! (*à Gaston*) Apprenez à ma femme
Schotisch et rédowa, les danses qu'on proclame.
Vous viendrez tous les jours.

GASTON, *enchanté.*

Oh ! vous êtes trop bon !

BERTHE.

Non pas, c'est aujourd'hui ma dernière leçon.

GASTON, *d'un ton suppliant.*

Madame !...

NÉRIS.

Il reviendra, je défends qu'on l'évince.

BERTHE.

Monsieur part pour donner des leçons en province.

(*Gaston remonte la scène, accompagné de Néris, qui
semble par ses démonstrations, insister pour le retenir. Le
général, Gabrielle et Berthe restent sur le devant de la
scène*).

GABRIELLE, *serrant la main de Berthe.*

Bien !

LE GÉNÉRAL, *passant entre Gabrielle et Berthe et
regardant partir Gaston.*

L'ennemi s'en va. (*A Gabrielle*) Mais toi sans te lasser,
Malgré le mariage, enfant, tu peux valser,
Puisque David lui-même a dansé devant l'arche.
Oui, que la femme danse et que le siècle marche.

FIN.

Châlons, typ. et lith. Martin frères.

<h1 style="text-align:center">PIÈCES DU MÊME AUTEUR :</h1>

LA LOGE DE L'OPÉRA, drame en trois actes et en prose. (Second Théâtre-Français.)

LE TREMBLEUR, comédie en deux actes et en prose. (Second Théâtre-Français.)

LES ABSENTS ONT RAISON, comédie en deux actes et en prose. (Second Théâtre-Français.)

LES DEUX AMOUREUX DE LA GRAND'MÈRE, vaudeville en un acte. (Théâtre de la Porte Saint-Martin.)

LES INCONVÉNIENTS DE LA SYMPATHIE, vaudeville en un acte. (Théâtre de la Gaité.)

Châlons, typ. et lith. Martin frères.